إلى والدي
ووالدتي الحبيبين

الطبعة العربية الأولى عام ٢٠١٩

دار جامعة حمد بن خليفة للنشر
صندوق بريد ٥٨٢٥
الدوحة، دولة قطر

www.hbkupress.com

الترقيم الدولي: ٩٧٨٩٩٢٧١٣٧٢٤٢

تمت الطباعة في الدوحة-قطر

مكتبة قطر الوطنية بيانات الفهرسة – أثناء – النشر (فان)

عمورة، بلسم، مؤلف.

لغتي السعيدة / تأليف بلسم عمورة ؛ رسوم فادي سلامة. الطبعة العربية الأولى. – الدوحة : دار جامعة حمد بن خليفة للنشر، 2019.

صفحة ؛ سم

تدمك 978-992-713-724-2

1. اللغة العربية -- قصص للأطفال. 2. قصص الأطفال العربية. أ. سلامة، فادي، رسام. ب. العنوان.

PZ10.78 .A56 2019

892.737 – dc23

201927319052

لغتي السعيدة

تأليف: بلسم عمورة

رسوم: فادي سلامة

دار جامعة حمد بن خليفة للنشر

HAMAD BIN KHALIFA UNIVERSITY PRESS

نادَتِ الأمُّ وقالَتْ:

من يا تُرى سيُنجزُ الواجب؟

أجابَها أحمدُ:

ولكن يا أمِّي أنا في اللعبِ راغب

واسترسلَ مستنكرًا:

هذه اللغةُ صعبة...

هذه اللغةُ حزينة...

مملَّةٌ وثقيلة...

تأمّلَتِ الأمُّ، وتحدّثَتْ بعدَ تفكير:

صعبةٌ وحزينة!؟

بل لغتي جميلةٌ وسعيدةٌ... راقصةٌ وتطير...

تعجَّبَ أحمد وتساءلَ باحثًا عن تعليل:

ها! كيف؟ أعطيني الدليل؟

فكلماتُكِ لغزٌ يحتاجُ إلى تفسير

أجابتِ الأمُّ:

لغتي جميلةٌ... تُرَسمُ بها اللوحات
وترقصُ بالحركات
وسعيدةٌ في كتابِ ربِّ السموات

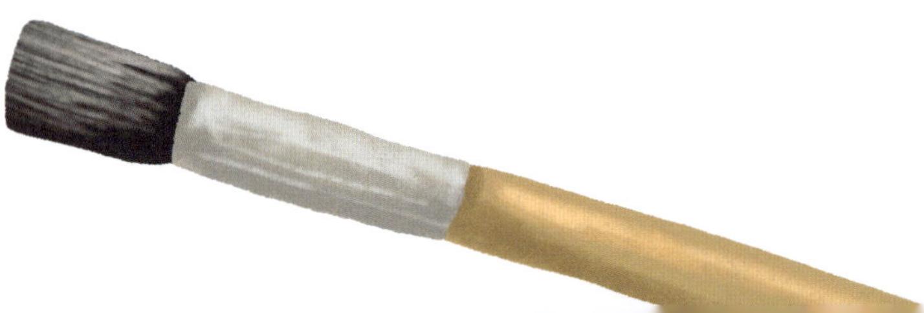

تحمَّسَ أحمدُ لكلماتِ أمِّه ولكن بقي عنده
سؤالٌ مُلحٌ عسير.

كيف للكلماتِ أن تطير؟
فليس لها أجنحةٌ تحلِّقُ بها أو أرجلٌ كي تسير
هي حروفٌ نكتبهُا على ورقٍ، فكيف وإلى أين تطير؟

فرحت الأمُّ وفسَّرتْ قائلةً:

هذا ما أنتظرُهُ من طفلي الصغير...
قد تكتبُ قصةً... تُنشدُ شعرًا...

تكتشفُ كوكبًا...

أو تنيرُ دربَ ضرير...

بلغتي تُسمِّي إنجازاتِكَ، وبينَ البلدانِ تطير
وأنتَ للغتي سفير

تشجَّع أحمد وبدأ في مخيِّلتِهِ يسير:

سأصبحُ البطلَ الخارقَ الذي يجعلُها تطير
أجوبُ العالمَ أفخرُ بلغتنا
أميرًا فارسًا للكلماتِ أصير

اللغة العربية

قواي الخارقةُ حروفٌ تتشكّلُ لها بالغُ التأثير
أقرأها أو أكتبُها فتُحدثُ أجملَ تغيير
أغامرُ وأسعى لما هو سامٍ وباللغةِ جدير

اللغة العربية

ابتهجَ قلبُ الأمِّ، وقالَتْ:

سأدعو لك. اعلمْ أنَّ كلَّ ذلك على اللهِ يسير
ولا تنسَ وطنَكَ وردَّ الجميل
فما خابَ صاحبُ هدفٍ نبيل

واعملْ بجدٍّ وإتقانٍ فلن تنالَ المنشودَ
إلَّا بالجهدِ الوفير
وسأراكَ يومًا حاملًا القلمَ وعاملًا بجدٍّ،
وفي قلبِكَ حلمٌ عظيم

أخذَ أحمد قلمَهُ وبدأَ تحقيقَ حُلمِهِ الكبير.

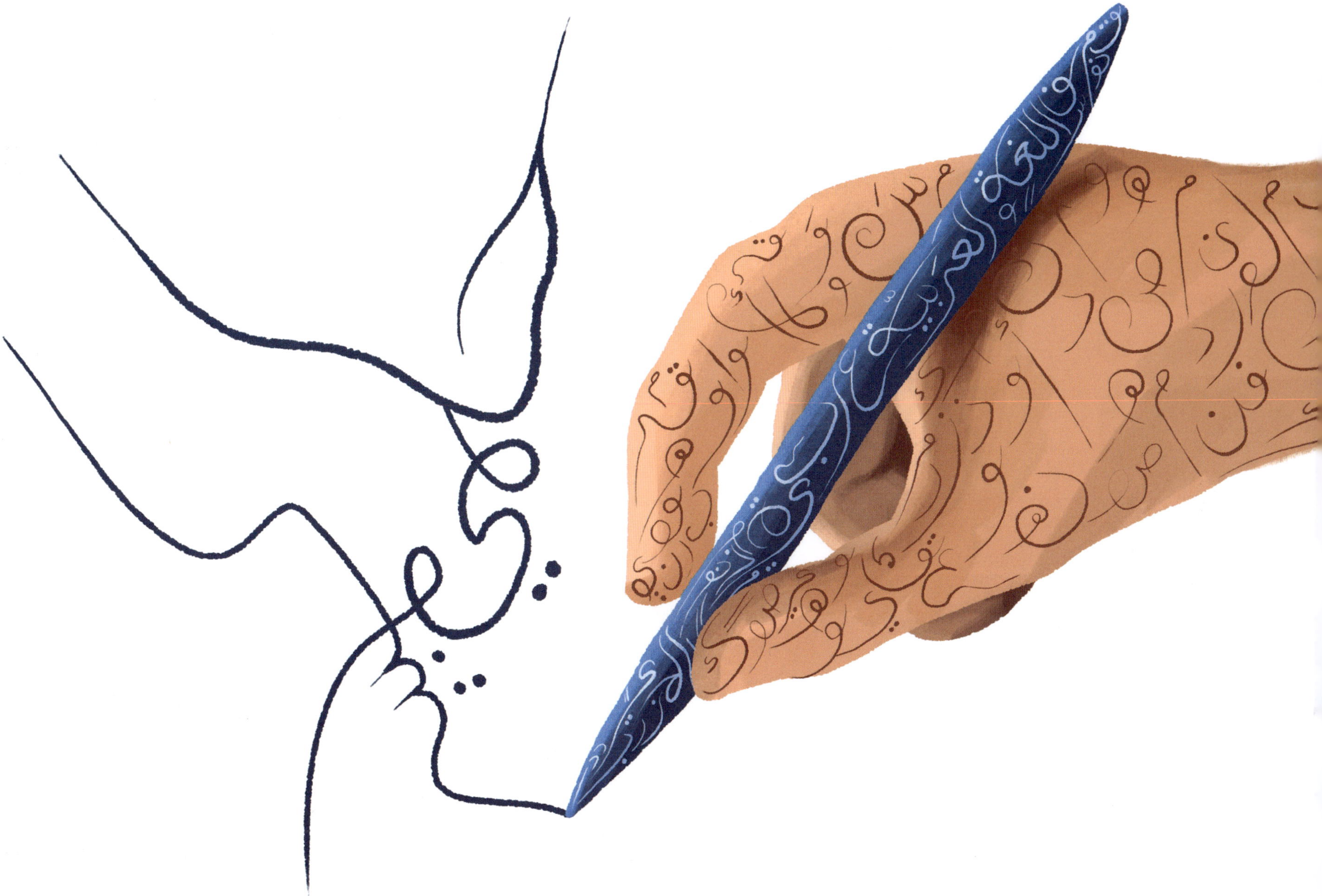